Thérèse CIGNA

L'Académie de l'être

Poèmes

&

Nouvelles

© 2023 Thérèse Cigna
Édition : BoD – Books on Demand,
info@bod.fr
Impression : BoD – Books on Demand, In
de Tarpen 42, Norderstedt (Allemagne)
Impression à la demande
ISBN : 978-2-3220-4265-4
Dépôt légal : Novembre 2023

À la recherche du temps perdu,

Poèmes

Période actuelle

Le temps

Infatigable laboureur,
Sur ta peau,
Creuse des sillons,
Pique ton cœur
Et l'éclate comme un ballon.
Il fredonne dans l'oreille
Un tic-tac infernal
Au point qu'une heure ou une minute
C'est pareil.
Ta vie galope comme un cheval.
Yeux dans les yeux,
Il fera baisser ton regard
Sur tes souvenirs,
Et, rusé comme un renard,
Tapi sous ton lit
Cherchant un signe de faiblesse,
Au moment des adieux.

Danse, bouge, vibre

Danse pour briser les chaînes,
Sans race ni haine,
Danse, bouge, transpire,
Pour oublier le pire.
Danse sans restriction,
Sors ton corps de sa prison.
Danse pour être vivant
Vis l'instant présent.
Chaque pas qui claque,
C'est un coup de matraque,
Que tu donnes à ceux
Qui sont déjà trop vieux.
Chaque rythme te ramène à ta maison,
Quand tu n'étais qu'un embryon,
Dansant dans le ventre de ta mère
Attendant d'embrasser la Terre.
En un battement, tu décolles
Tes pieds quittant le sol
Jusqu'à atteindre les cieux,
Et enfin te relier à Dieu.

La musique dans le métro

À fleur de peau
Rythme enflammé
Dans le bus ou le métro
Ça commence à cogner.
Sons cuivrés, balancés,
Dans les bouches surpeuplées,
Les corps sont serrés,
La vie ne peut s'échapper.
Collée dans mon dos,
La musique des ghettos.
L'odeur forte du peuple,
Et des partitions musicales,
Pêchées dans les halles.

L'arseillaise

Aux arts citoyens
Taillez vos crayons
D'un cœur pur
Dessinons, dessinons
Un nouvel horizon.

Que veut cette horde d'artistes ?
Qu'on maltraite d'injures
Vouloir les sortir de la piste,
Français, ils font partie du futur.

Tremblez, gouvernants et vous perfides
L'opprobre de tous les partis,
Tremblez ! Vos projets homicides
Vont enfin recevoir leurs prix !

Tout est artiste pour vous combattre,
S'ils tombent, nos jeunes héros
Les beaux-arts en produiront de nouveaux.
Nous entrerons dans la carrière,
Quand nos aînés n'y seront plus ;
Nous penserons à leurs galères
Et la trace de leurs vertus.

Bien moins jaloux de leur survivre
Que d'éviter leurs écueils
Nous aurons le sublime orgueil
De persévérer et de les suivre.

Nuit noire

Quatre ou cinq whiskys, j'ai oublié,
J'ai bu mon dernier verre,

Et j'ai pris congé.

Dans la ruelle, je frôle les poubelles,
Titube, je vais tomber.

J'ai froid, je frissonne des dents,
J'ai un rencard, je le pressens.

Nuit glauque dans un quartier sinistré,
Je voudrais bien m'en aller.
Mais le rendez-vous est fixé,
Mes pensées plus fortes que la réalité,
Je ne peux plus me dérober.
J'aperçois une forme non identifiée,
Effrayée, je me mets à hurler :
Qui es-tu ?
Je suis l'ombre !
J'avais peur, peur de ce que je voyais,
Peur de ce que je pensais…

Peur de moi.

Sombre est ta peau

Sombre est ta peau
Qui s'accroche à mes mots.
Sombre est ta peau
Et ton regard cacao.

Cœur de plantin
Tu me tends les mains.
J'ai mal pour toi
Quand tu t'en vas.

Sombre est ta peau
Tu me ronges les os.
Sombre est ta peau
Qui sue le boulot.

Pour trois grains de café
Ta vie tu l'as ratée,
Roulé dans ton pagne,
Tu es dans ton bagne.

Passe ton chemin

Parti les poches vides
Avec pour valise
La tête pleine d'espoir.

À trop rêver des Marquises
Ça a été la mer à boire.

Te traîner par terre
C'est pas la faute à Voltaire.
Rien à s'mettre dans le goulot
C'est bien la faute à Rousseau.

Tu vendrais ta vie pour une Rolex.
T'as plus rien à perdre,
J'donnerai la mienne pour un silex,
J'ai plus rien à gagner.

Chercher un bout de pain
Au resto du cœur,
C'est croire au lendemain
Et ça compte pour du beurre.

Crachat

Vert gluant
Salé et insultant
Lancé sur ma face
À tout jamais pour que je m'efface.
Aujourd'hui, le voici,
Je vous le rends merci
Cette fois multiplié
Éclaboussant vos visages exposés
Vos regards méchants
Sans cœur, errant
Comme des chiens affamés
Vous vouliez me dévorer.
Sur vos insultes, j'ai nagé
Par la grâce divine
J'ai de ma plume fine
Écrit mes maux
Et pansé mes bobos.
Vous qui faisiez la sourde oreille
À mes plaintes pendant mon sommeil,
Je n'ai rien oublié.
Seul le mot aimé
M'a sortie de mes galères

Me libérant de mes fers.
Serpents ! Votre jalousie
À présent vous pourrit.

Absurdité

Je suis sombre et noire,
Une route dans ta nuit
Parsemée de flammes,
J'épouvante tes rêves.
Mes hurlements retentissent
Jusqu'au fond de tes entrailles,
Hommes, femmes et enfants
Je les broie en un instant.
Je suis comme toi, ô vie,
Impitoyable et redoutable,
J'écrase toute chair.
De toi à moi, j'en suis fière.
Et toi petit enfant
Hurlant dans les bras de ta mère,
De ta peur je n'en ai que faire,
De tes cris, je m'en nourris.
Dans ma folie, je vous emmène
Vers les mystères de la mort.
Petit héros, je t'ai tiré au sort,
Car mon jeu, c'est la Guerre.

Sans titre

Je n'écris pas des vers pour calmer
vos tourments,
Mais pour qu'ils vous dévorent dès maintenant.
L'enfer sera plus doux que d'exister.
À me bâillonner je n'ai fait que crier.
Même le Diable vous a rejetés,
Et Dieu ne saurait vous pardonner.
À l'inverse de Vian, je n'irai pas cracher
sur vos tombes.
Pour moi, vous n'êtes que des ombres.

Période de 18 à 23 ans

Sans titre

Qu'y a-t-il entre la femme et la truie ?
La truie allaite ses petits,
La femme, elle, se salit.
Qu'y a-t-il entre l'homme et la tortue ?
La tortue grignote la laitue,
L'homme, lui, il tue.
Qu'y a-t-il entre le jour et la nuit ?
La nuit, tous les chats sont gris,
Le jour, l'humanité est pourrie.

La poésie

Elle est tombée de sa planète
Pour se loger dans ma tête,
La belle, la maléfique,
Me poignarde à grands coups poétiques.
Devenue son adepte,
J'ai adhéré à sa secte,
Dès lors,
Elle a habité mon corps.
La traître, la minette,
M'a emportée dans sa comète,
Ainsi je ne vis
Que pour la poésie.

Comptine d'automne

Feuilles mortes forment un tapis
Sous un soleil d'été roussi,
C'est l'automne Dame souris,
Rentrez vite au logis.

Printemps

Primevères des champs
Roses pourpres fleuries
Iris bleus dans le vent
Narguent nos narines.
Thyms au soleil jauni,
Entrent dans le printemps.
Mauves, et roses jolies,
Polka de muguets blancs
Salsa dans notre vie.

Rock

Boulevard du rock
Y'a l'amour qui se troque
À tous les coins de rue.
Les marchands de toc
Les gens s'en moquent
C'est du superflu.
La plupart des loques
Traînent leur froque
Quand ils ont bu.

Avant minuit

Un peu avant minuit
Habille-toi de gris,
Tu l'auras ta souris.

Te glisser dans la nuit,
Un peu avant minuit
Tu cherches les ennuis.

Ton arme scintille,
Et ton corps qui frétille,
Un peu avant minuit.

Entends son cœur qui tonne
Et tes pas qui résonnent,
Attention ! Tu déconnes.

Sans titre

Quand ta bouche fait mouche
Sur des mots qui te touchent
J'ai le mal de mer
Quand tu me parles tout bas,
Et c'est la terre
Qui bouge sous mes pas
Emmène-moi,
Au loin tout là-bas,
Je n'ai pas peur de ça,
Car je ne pense qu'à toi.
J'ai dans le cœur
Un bruit de rumeur
Et dans mes yeux
La chaleur d'un feu.

Les enfants de la guerre

Ils erraient comme des chiens
Sur cette pauvre planète.
Leurs yeux brillaient d'espérance
Comme de petites comètes.
Ils plantaient leurs ongles,
Dans l'arbre de la vie.
À l'aube du petit jour, ils tombaient
Comme la pluie.
Leurs sangs

Laissaient des traces sur le chemin d'épines,
Traînant leur ventre vacant
Et leur bouche divine.
En rejoignant ainsi, le cortège de la mort.
Le soleil poignardait leurs yeux couleur or.
Le sol éjaculait une larve flamboyante,
S'étirant comme une bête gluante,
Allant à la rencontre de ces êtres égarés,
Ils acceptèrent leur mort, d'un visage étonné.
Non, ils ne sortaient pas de la cuisse de Jupiter
Dans la poussière,
Leurs corps laissaient un goût amer,
Dans la bouche de ceux qui les ont vus mourir,
Sans un mot, sans un geste pour les retenir.

Gaël

Petit,
Je veillerai sur ton sommeil,
Tes montagnes sucrées,
Ton soleil de miel,
Sur tes pluies perlées.
Grand,
Je bâtirai ta planète,
Sur les cheveux,
Je dessinerai mille trajectoires célestes
Et je te ferai mes aveux.
Puis, au moment de partir,
Tu m'aideras à gravir
La grande échelle
Qui mène au ciel.

Demy
(Chanson pour bébé)

Un petit bout de soleil
Un petit bout de merveille
Un petit bout de fille aussi.

Oh ma doudou, oh ma doudou
Oh ma doudou Demy,
Oh ma doudou Demy chérie.
Un petit bout d'amour,
Un petit pour toujours,
Un petit bout tout doux aussi.

Oh ma doudou, oh ma doudou
Oh ma doudou Demy,
Oh ma doudou Demy jolie.

Nouvelles

À 17h 55'55'' j'arrêtais de vivre.

Un curieux frottement

Tous les jours, à 18 heures tapantes, je recevais la visite de ma voisine, une belle septuagénaire, mince, chevelure blonde, des yeux aigue-marine. Elle habitait au premier étage de notre résidence, où ne vivaient que des femmes seules, malades, devenues des ombres, elles rasaient les murs pour éviter de se croiser entre elles, car elles se dévoilaient toutes à travers le regard de l'autre, bizarre… Comme si une malédiction avait frappé cet endroit, qu'aucun homme ne voulait y rester. Le mien avait pris ses jambes à son cou un mois après le déménagement. Quand je dis que mon immeuble était maudit !

Alors, pour oublier ma solitude, je me suis investie dans le syndic de la copropriété.

Par empathie, je supportais les pleurnicheries de ma voisine du premier étage :

« Les chats errants du quartier, affamés, faut s'en occuper... Pourquoi moi ? »

J'avais beau tenter de lui faire comprendre avec mon sourire pas très franc que ses lamentations, je n'en avais rien, mais rien à… Message toujours pas reçu, elle revenait à la charge, et bien sûr, je n'ai pas échappé aux jérémiades quotidiennes.

Puis, un matin, une idée de génie m'a traversé l'esprit. Pour qu'elle me fiche enfin la paix, tous les soirs, top chrono : à 17 h 55'35'', j'arrêtais de vivre. Collée derrière ma porte, j'attendais qu'elle s'en aille.

Pendant une semaine, elle avait complètement disparue de la circulation, et... Aujourd'hui, elle rappliquait, pas à 18 heures, mais à 8 heures du matin !

« Je ne suis pas là ! »

Tenace, elle est restée un long moment sur mon palier. Je n'osais plus respirer.

Tout à coup, un étrange frottement s'est fait entendre « Tiens ! pensais-je, elle sait que je fais la sourde oreille ».

Aucun mouvement, seul ce bruit qui s'étirait dans le temps. Je n'ai rien entendu d'autre, pas même la porte coupe-feu de l'escalier se refermer dans un grincement insupportable.

J'ai attendu... Attendu… J'ai jeté un œil furtif à travers le judas. Ouf ! Elle était partie.

Jusqu'à présent, j'avais été sympa, ayant tout subi : les crottes des minous, le budget de la litière, trouver une autre ruse pour l'éviter, car elle avait été prise en flagrant délit de donner des croquettes aux chats du quartier qui fouillaient, déchiquetaient toutes les poubelles de la ville, un vrai carnage ! Bref, tout y passait, et moi, je secouais la tête comme un brave toutou.

Hésitante, j'ai lentement ouvert ma porte.

Mon attention s'est portée sur mon paillasson… Stupéfaction ! Une enveloppe de petit format m'était destinée.

« Pourvu que ce ne soit pas une invitation à déjeuner. Je n'en peux plus ! »

J'ai décacheté l'enveloppe avec une certaine appréhension.

« Oh Sainte Mère, doux Jésus ! Est-ce possible ? Un faire-part de décès ! »

Morte ! Ma voisine était morte !

Je comprenais mieux à présent que depuis une semaine, elle ne m'importunait plus.

Qui avait déposé l'enveloppe ? Un ami ? Sûrement pas. Un membre de sa famille ? Je ne connaissais personne de son entourage. Qui d'autre ? Elle ne côtoyait que moi. En fait, je ne savais rien d'elle. Je ne m'étais jamais intéressée à sa vie. Comment s'appelait-elle, déjà ?

Honteuse, j'ai refermé doucement ma porte, de peur qu'une autre personne me mette face à moi-même.

J'irai à son enterrement. C'était sa façon à elle de me remercier de l'avoir écoutée.

Pour Theci
« À la recherche du *temps perdu* »
était la plus belle râclée de sa vie.

Un hiver pas comme les autres

C'était un vent d'hiver glacial, avec de grandes dents, qui mordillait les oreilles jusqu'au sang.

Un hiver pas comme les autres, plus rude. Un hiver de trop, un trop plein qui remplissait la coupe, déjà pleine, seulement le froid. Les os de Theci craquaient comme une vieille charpente, elle allait s'écrouler comme le monde.

L'hiver la séquestra chez elle. Theci s'écroula de tout son séant sur le fauteuil. Une bougie parfumée (rose, couleur de la vie) étirait sur les murs les vieux fantômes sortis des profondeurs de l'âme. La flamme déformait sa silhouette, longue et fine, atteignant le plafond, touchant le lustre, sans époque, style art déco. Qu'importe le style. Le fauteuil épousait à la perfection ses rondeurs, si bien qu'en se levant pour chercher une tasse de thé, il n'osa pas reprendre sa forme initiale, soucieux de garder l'empreinte de Theci. Même les meubles ont une mémoire.

Elle ne connaissait l'auteur seulement qu'à travers des films, des témoignages et autres biographies, quelques extraits lus dans les livres scolaires, jamais elle n'aurait eu le courage de lire un auteur extraordinaire qui avait existé à une époque où fleurissaient des génies, laissant comme héritage, une lecture unique, subtile, écrite à l'encre divine. Il faut être un Dieu incarné pour écrire ainsi :

« Comme j'aurais voulu être lui ! » soupira-t- elle.

Au fil des heures, elle trouvait des points communs, des similitudes jusqu'à fantasmer qu'il s'était réincarné en elle, elle était lui, c'était une certitude. Il y avait trop de… Trop de rapprochements. Et si c'était vrai ?

La tasse posée sur une petite table rectangulaire avec des motifs indéfinissables aux couleurs criardes, peinte à la bombe par un ami artiste, en quête de reconnaissance.

Elle se fichait bien de ce que les autres pouvaient penser de ses goûts puisque plus personne ne venait chez elle. Theci n'aimait pas la rivalité et détestait parler de longues soirées à refaire le monde, ça l'agaçait au plus haut point. Le monde ne se refait pas, il se défait. Ainsi, elle avait décidé d'emprisonner le temps chez elle, de se confiner volontairement. Elle était antipass, anti vaccin, anti politique, anticonstitutionnelle, anti moustique, antibiotique, anti anti, anti tout. Quand elle avait trop mal, elle laissait exprimer ses émotions ; c'était les gorges en crue. Alors, elle essuyait d'un revers de manche son chagrin qui lui rappelait qu'elle n'avait plus de crédit jeunesse.

Le thé brûlait son palais. Elle reprit le premier tome lourd et puissant, comme un sein rempli de lait, elle ne voulait pas en perdre une goutte. « *Ce que je reproche aux journaux, c'est de nous faire faire attention tous les jours à des choses insignifiantes, tandis que nous lisons trois ou quatre fois dans notre vie les livres où il y a des choses essentielles.* ».[1]

---

[1] À la recherche du temps perdu tome 1 - Proust

Il venait de la percuter de plein fouet. Eh oui, c'est toujours d'actualité. Le livre la rappelait à l'ordre, rien n'avait changé. L'essentiel, elle le serrait entre ses mains, mais pour l'instant, elle l'ignorait. Elle n'en était qu'aux prémices, au commencement de la nuit, de l'aventure.

Elle s'agrippait les yeux rivés sur son récit, et poursuivait interrogative, la narration.

« Elle ne pensait pas que les grands souffles du génie eussent sur l'esprit même d'un enfant une influence plus dangereuse et moins vivifiante que sur son corps, le grand air et le vent du large »[2].

Bouleversée par le récit, son esprit torturé l'incitait à vouloir dépasser le maître.

La gorgée chaude et parfumée du thé au jasmin replongea Theci aussitôt dans la douceur de l'instant. Progressivement, emportée dans sa rêverie, la saveur du thé devint une exquise pâtisserie qui roulait dans sa bouche comme un long et langoureux baiser d'un amant fougueux.

---

[2] À la recherche du temps perdu tome 1 - Proust

Elle poursuivait sa lecture sans se laisser distraire. Il avait sur elle une puissante emprise. Elle était littéralement envoûtée, menottée au livre. Seul un auteur de sa grandeur pouvait parvenir à la saisir au vif, jusqu'à l'épiderme. Chaque mot, s'agrippait le long de sa colonne vertébrale, toutes griffes dehors, arrachant au passage l'écorce, libérant ainsi la sève encore tiède. Elle souffrait. Un véritable supplice provoqué uniquement par son intellect qui s'inscrivait dans chacune de ses cellules, gardait ainsi dans sa mémoire, toute la douleur de ne jamais être à la hauteur de l'écrivain.

Concentrée, absorbée, elle ne le fut pas pour longtemps. Soudain, la sonnette retentit. Dans un profond soupir de lassitude, elle se releva. Pénible effort. Et surprise, c'était bien la bonne heure. L'heure de la visite des chats errants du quartier. Besogne qu'elle partageait avec la voisine du palier, un deal, une alliance avec l'univers, pour apaiser leurs consciences. Ni l'une ni l'autre n'aimait s'apitoyer sur la condition humaine, alors elles se rabattaient sur les *felis silvestris*.

Deux nouveau-nés venaient d'agrandir la portée, la mère sauvageonne, n'avait pu être attrapée pour être stérilisée et toutes les deux s'affairaient à leur mission de mère Teresa de « chalcuta ». Elles avaient trouvé une autre vocation : s'occuper des volatiles tournoyant au-dessus des balcons. Eh oui, à vingt ans on court après les garçons, à la soixantaine, on jette des graines aux pigeons.

La voisine redonna un coup bref sur la sonnette, la chatte de Theci voulait sortir, grattait à la porte, elle connaissait bien la voisine. Theci posa son doigt sur sa bouche : message reçu. La chatte n'insista pas, elle alla se cacher sous le fauteuil. La voisine tourna les talons. Theci reprit sa lecture. Sous les traits de la servante Françoise faussement douce et serviable, d'une dureté implacable, elle revit les traits de son institutrice, une Françoise aussi. Le prénom, avait-t-il une influence sur la personnalité des individus ? Elle se revoyait sur le banc de l'école, au cours préparatoire, année décisive qui la dirigerait vers la grande école, elle, au fond de la classe, avec tous les autres bonnets d'âne qu'on cherchait à oublier.

Theci détestait Françoise, et Françoise le lui rendait bien.

Au fil des pages, elle apprenait que ladite Françoise faisait souffrir une jeune fille à son service. Savoir que la jeune fille était le bouc émissaire de Françoise, lui provoqua aussitôt une quinte de toux, les crises de Theci étaient aussi symptomatiques, probablement un vilain tour du passé. Lui, le maître, avait l'art de ramoner son passé, son enfance qui lui tombait dessus comme la suie dans le conduit de la cheminée. Elle s'interrogeait sur la manière avec laquelle il parvenait à transformer ses traces de vie, en souvenir universel.

Elle aussi avait eu le désir d'écrire des romans, et cela dès sa jeunesse, et aujourd'hui plus que tout au monde, le désir devenait grandissant, il occupait tout son esprit, tout son être. Comme tout auteur, elle ne savait pas par où commencer. C'était le syndrome d'un trop plein qui ne cessait de couler à flots et dont elle ne parvenait pas à freiner le débit, tout filait comme c'était venu. *« .../... Je sentais que je n'avais pas de génie ou peut-être une maladie cérébrale l'empêchait de naître. »*

Pas de problème cérébral et le génie ne sortait pas d'une lampe magique, mais de son inspiration. Non, sa maladie à elle, c'était le manque de confiance, tout comme lui.

Elle avait manqué de tout, même du nécessaire, cela avait affecté ses poumons. Comme lui, à la moindre irritation, elle faisait des bronchites chroniques.

Ah ! La maison dorée ! Encore un autre lien en commun. Trop de coïncidences. Était-ce possible, ou le fruit de son imagination ?

La Maison dorée était un restaurant très chic, situé à proximité de la gare de Saint-Chamond. Elle y avait été serveuse, un petit boulot dégoté par une voisine, petit coup de pouce du destin.

Lors d'un vernissage, elle avait rencontré un artiste peintre, c'était en novembre, il l'avait fait entrer dans son univers. Il lui avait ouvert les portes de l'art, et grâce à lui, elle avait découvert des artistes en pleine gloire, des poètes, des « gens du monde », comme elle aimait à le dire. Elle adorait cette ambiance d'odeur de Havane, de longues soirées de lectures interminables à la manière du « *Cercle des poètes disparus* ».

« .../... Ma vie actuelle, au lieu de me sembler une création artificielle de mon père et qu'il pouvait modifier à son gré, m'apparaissait au contraire comme comprise dans une réalité qui n'était pas faite pour moi, contre laquelle il n'y avait pas de recours, au cœur duquel je n'avais pas d'allié, qui ne cachait rien au-delà d'elle-même... /... ».

Terrible ! Ces mots sortis du roman, attachés à une seule et unique pensée, suspendus au bord de ses lèvres, lien infime qui lui rappelait aussi que sa vie n'était qu'une cascade de malentendus, de mauvais choix, de bons conseillers, mais surtout de mauvais payeurs. Elle irait bien refaire un tour pour retrouver le temps, le temps du bonheur, et celui où elle était la jeune fille en fleur.

Lui aussi avait connu les déboires de l'autoédition, avant d'être reconnu comme un auteur hors pair, l'unique de sa génération à parler librement de son homosexualité, écriture mêlant la mémoire affective et les sentiments, s'inspirant de personnages qui meublaient sa vie. Theci puisait son inspiration dans le vécu. Il ravivait en elle ses souvenirs enfouis, et chacune des pages donnait à Theci la possibilité de replonger dans son intériorité pour extraire des bribes de situations semblables à l'auteur.

Pour Theci, « *À la recherche du temps perdu* », était la plus belle raclée de sa vie. Le romancier la ramenait à sa condition d'auteure, transparente, insignifiante, seule, dans un océan où d'autres écrivains identiques à elles, essayaient par tous les moyens d'éviter la noyade. Tous, ensemble, ramaient dans la même galère, afin d'arriver à bon port, pouvoir dénicher l'éditeur, et le cadeau suprême : être lus et surtout être reconnus. Avait-il raison de dire qu'un récit conçu dans l'esprit de son auteur pouvait être immortel ? Dans la mesure où la pensée créatrice lui avait donné vie dans les mondes subtils, peu importe qu'il n'existât point sous une forme matérielle, pas encore vue, mais il avait déjà eu une existence immatérielle. Finalement, elle se demandait si écrire était vital, ou un moyen comme un autre de sortir de ses propres peurs, surtout celle de ne plus exister.

De page en page, elle surfait sur son passé. Il l'obligeait à se remémorer des situations qu'elle avait complètement occultées jusqu'à cette nuit, l'ultime, où elle avait décidé d'arrêter le temps, le temps d'un instant qui s'éternisait comme la lecture du roman.

La mémoire a la faculté de tout garder intact, même le parfum et les odeurs. Un délicieux souvenir venait embaumer sa lecture, un petit retour aux premières amours de jeunesse où elle donnait rendez-vous à son amoureux. Elle en était éperdument accro, cheveux noirs, yeux verts, nez en trompette. À sa vue, elle fissurait, elle ne pouvait pas se contrôler, elle l'aimait, et aussi loin que ses souvenirs remontaient, il fut le seul à lui donner l'envie de garder le plus longtemps possible ses 15 ans. C'était si bon. L'odeur des feuilles mouillées et des baisers salés, lavés par les gouttes de pluie.

Chaque gorgée de thé au jasmin creusait en profondeur la fouille des souvenirs. Soudain, comme une horde de fauves, les événements douloureux se ruèrent sur elle, déchiquetè-rent son âme, lui rappelant qu'elle était la petite dernière d'une fratrie où elle n'était pas parvenue à se faire une place. De nouveau, elle replongea dans une solitude profonde, éclaboussée par une réalité dérangeante. À force d'observer la nature, elle avait constaté que tout fonctionne par deux. Un oiseau sur le toit en attire un autre, et petit à petit, le clan s'agrandit, à l'unisson, dans une belle envolée de bruit d'ailes, ils animent ses yeux émerveillés et noircissent le ciel. Lui, le maître, semblait s'envoler. Dans leurs esprits, il n'y avait pas d'ambiguïté, ils étaient deux exilés, des incompris.

Dehors, un voile indigo venait de couvrir la ville.

« *Tout est vanité et poursuite du vent* » se dit-elle[3] en poursuivant sa lecture qui l'emportait vers la recherche du temps perdu.

Alors, avant que tout ne cesse, elle voulait faire tourner la roue et que le vent souffle enfin de son côté, mais plus jamais dans le dos.

À l'adolescence, elle avait eu le syndrome de Madame Bovary. Elle s'identifiait au premier rôle féminin dans les bras d'acteurs américains, qui eux au moins, n'en avaient rien à foutre de savoir si elle avait ou pas la

---

[3] L'Ecclésiaste

taille mannequin. La réalité la rattrapa à la vitesse de la lumière, loin d'être une femme meurtrie, elle avait relevé la tête, fièrement. Elle aimait la provocation, la connerie poussée à l'extrême jusqu'à franchir le seuil de l'absurdité. C'est dans l'absurdité que sont nés les plus grands artistes. L'art lui-même, ne l'est-il pas... ? Sa famille ne l'avait jamais comprise, toute sa vie, elle avait été à la recherche de son héritage génétique. Elle se perdait dans une fouille généalogique. L'amour, elle l'avait connu qu'à travers les livres, à travers lui, l'auteur, meurtri, lui-même en quête d'affection.

Elle ne fuyait pas, ne cherchait pas à camoufler sa douleur, elle l'exorcisait par la lecture. Pourtant, rien ne laissait présager qu'à travers un récit comme celui- ci, elle pourrait extraire en elle toute la substance, le but essentiel d'être.

L'écriture était entrée chez elle vers sa dixième année. Des débuts à la poésie puis, elle s'était initiée aux récits courts, jusqu'au jour où le roman s'imposa de lui-même. Elle dévorait les mots. Elle n'était pas rassasiée. Elle ne mâchait pas ses maux. Dans son premier roman, elle avait déterré sa grand-mère, dressant un portrait de Thénardier, ça n'avait pas plu, elle avait frôlé le procès. La mort la tourmentait. Depuis celle de sa mère, elle avait pris conscience de l'impact des écrits. Ce fut la goutte d'eau, un mot de trop, les non-dits longtemps gardés, les choses qu'on n'osait pas avant.

Theci était partie à 18 heures en claquant la porte, avec le mot de trop. Ce mot faisait encore écho, et aujourd'hui, il résonnait plus que jamais.

Elle était en quête de racheter le temps perdu, pas sous un arbre pour raviver de beaux souvenirs de jeunesse, mais effleurer ainsi sa vie, lui permettrait de tourner définitivement la page, et ne plus avoir de sentiments culpabilité. Sa vie n'était qu'un palimpseste.

La possession du bonheur est bien éphémère. L'auteur avait raison, nous construisons nos vies sur celles des autres au risque de se tromper et de tomber dans les illusions. Seulement voilà, la mémoire efface les douleurs, mais seul le corps les fait renaître.

Elle semblait s'enfoncer dans le fauteuil, des heures à lire à la lueur de la bougie, probablement ses yeux épuisés déformaient la réalité. L'ombre d'un corps peu à peu se dessinait dans l'obscurité, sûrement un jeu subtil de la flamme. Il sortait d'une autre époque. Miele se posa sur les genoux de sa maîtresse, et d'un coup de patte fit tomber le livre. Theci n'osa pas bouger. Le souffle coupé, elle discerna sa propre voix appeler :

— Marcel !

La bougie consumée, Theci se retrouvait dans une totale obscurité. Sa chatte vint se blottir entre ses bras, son cœur battait contre le sien. Ainsi se manifestait la vie.

Marcel s'était effacé comme un dessin sur un tableau noir. Elle sentit un grand vide en elle, une moitié l'avait quittée.

Elle l'avait tant désiré.

Elle m'a offert
le plus beau des cadeaux ;
me libérer des maux.

Le quatrième au fond du tiroir

Je n'avais rien demandé. L'oublié, le sans-intérêt, coincé avec d'autres qui souffraient dans cette triste condition, j'étais à l'étroit, j'étouffais, en sandwich entre les relevés de banque et le registre des comptes qui rabâchait en boucle qu'il ne recevait plus de factures depuis des lustres. Franchement, j'en n'avais rien, mais rien à…

Puis, un jour, par miracle, une aide providentielle a déboulé sans prévenir et m'a sorti du tiroir. Je n'avais jamais rencontré cette jeune femme auparavant, j'ignorais son existence et je suppose, qu'elle aussi, m'ignorait. Elle a dégagé le vieux qui radotait tout le temps. Sans ménagement, elle m'a attrapé avec ses griffes acérées.

Elle a tiré sur une corde, qui à mon avis, en avait étranglé bien d'autres avant moi.

Elle venait de s'introduire dans l'intimité de « Maman ». Tout tremblant, son corps frêle a bien failli se briser. Je ne saurais expliquer l'attirance entre elle et moi, sûrement un truc chimique. Comme une boule de flipper, elle m'a littéralement percuté. Je venais de passer de longues années, seul, enfermé, attendant des jours meilleurs. Pourtant, dans mes doléances de journal intime, en haut, en gros caractères gras, en majuscule, était inscrit de ne pas être dérangé par de drôles d'énergumènes. Uniquement les enfants avaient le droit de me lire.

J'étais quoi pour elle ?

Soudain, perdu dans son interminable soliloque, je tentais de comprendre sa motivation à vouloir me découvrir, faire jaillir en elle une étincelle, un élan de passion, à la recherche d'une nécessité de me trouver entre ses mains. Et là, j'ai vu de grands yeux noirs rivés sur moi. Je me suis senti nu. Probablement pressée ou par stress de ne pas parvenir à ses fins, elle s'est emballée.

Nerveusement, elle tournait mes pages, lisait à voix haute les traces d'un passé douloureux. Dans un langage de charretier, elle a hurlé qu'elle n'en n'avait rien « à foutre de ce que pouvait penser maman ! » Mais, maman ! Ce n'était pas celle qui avait écrit sur moi ? Quel lien y avait-il entre nous trois ?

Sa respiration était saccadée comme un animal en chasse cherchant un refuge pour se dérober face à la mort. Je tremblais entre ses mains, je sentais ses ongles s'enfoncer dans mes pages. Elles me froissaient. J'y suis pour quoi ? Elle s'est assise en tailleur, je sentais sur moi son dur regard frisant la folie. Comme maman, elle était made in spaghetti. Elle avait des lèvres « Pomodoro », et sur ses cheveux, brillait le soleil méditerranéen.

Elle m'a bloqué contre elle, et à cet instant précis, j'ai désiré son sein gonflé lourd et puissant qui tambourinait fort. Elle m'a offert le plus grand et le plus beau des cadeaux : me libérer de mes mots. En les prononçant, elle a créé dans l'univers un pont pour nous rapprocher elle et moi du langage divin.

En un instant, elle a ouvert la boîte de Pandore, à cœur ouvert, elle lisait tous mes secrets, des vérités dont j'étais le gardien. J'ai récupéré toutes les gouttes déversées de son cœur, elles me transperçaient.

C'était émouvant et étrange à la fois, j'avais un petit puits de larmes salées, je ressentais leur chaleur et leur douceur. Elle m'a dit que je n'étais pas extraordinaire. Elle s'imaginait quoi ? Déçu, je croyais l'être. Pourtant, l'extraordinaire était entre ses mains. Toucher les pages d'un livre était aussi sensuel que de caresser une peau satinée. Le froissement du papier composait un son mélodieux, apaisant, dégageait l'odeur des années passées et de l'encre encore présente.

« Moi aussi, je vais écrire mes mémoires ! », a-t-elle hurlé.

Pitié ! Pas sur moi ! Choisis un autre cahier, merci. Je ne veux pas être le souffre-douleur intergénérationnel, le bouc émissaire à perpète, ça va, j'ai déjà donné.

Elle s'est pris la lecture comme une rafale de claques, elle ne s'attendait pas à ça. Elle espérait quoi ? Elle paraissait s'enfoncer en moi, très absorbée par la lecture et l'envie d'aller jusqu'au bout. Probablement, ses yeux cernés par des nuits sans sommeil ne lui donnaient pas une bonne lecture. L'ombre de son corps peu à peu, épousait l'obscurité. Elle avait crucifié le temps sur ses lèvres, il ne demandait qu'à mourir.

Elle s'est relevée, elle a frotté ses yeux, d'un claquement sec, elle m'a refermé, et s'est écriée : « Basta ! » Tout à coup, je me suis senti soulevé. Ah oui ! Elle vient de me remettre dans ce maudit tiroir tout noir. Pourquoi avoir choisi du noir ? Comme si la situation ne l'était pas assez. Mon histoire n'aura duré que le temps d'une crise d'hystérie. Décevant !

Nous avons beau savoir que nous ne sommes pas éternels, nous aimons nous le faire croire.

Cette fois, elle m'avait posé au-dessus d'un tas de paperasseries qui m'étouffaient. D'avoir suscité autant de réactions m'avait retourné les maux. Impuissant, je ne pouvais pas interagir.

Pour la première fois depuis tant d'années à croupir sous la chaleur dans l'obscurité avec les petites bestioles qui me chatouillaient, je me trouvais en première position et non en fin de série, seul point positif.

Durant des mois, j'espérais en attendant dans le noir, parfois surpris à entendre des pas ou le grincement du tiroir, faux espoir de me replonger dans son regard.

Pour elle, j'avais été le lien qui la rattachait à des souvenirs lointains. De façon involontaire, j'étais devenu un bourreau des cœurs.

Je ne l'ai plus jamais revue.

J'ai attendu… Attendu… Longtemps.

Comme maman, elle m'a abandonné.

Après tant de patience et d'espérance, le tiroir grinça. Je vis une ombre se mouvoir qui s'amusait avec le contre-jour.

J'ignore depuis combien de temps je n'avais plus eu de visite. Lors de ma dernière aventure, je craignais qu'elle fasse de moi un feu de joie. Soulagé de ne plus subir ses élans de folie, je ne l'avais cependant pas oubliée.

Une poigne ferme m'attrapa, j'étais en lévitation, suspendu au-dessus de la commode. Je pris conscience que je n'étais plus enfermé, juste prisonnier entre des mains inconnues. Un souffle vigoureux m'envoya une haleine aillée, je l'avoue hyper désagréable, soulevant la poussière qui de jour en jour obscurcissait ma vue. Avec vigueur, on frotta ma couverture. Que c'était bon ! Et, oh surprise ! Un tout nouveau visage se présenta à moi. Une main se glissa sous la ficelle et la fit sauter d'un seul coup. Un bruit sec résonna dans l'air. Génial ! On venait de me libérer. Mon cœur rebondit de joie à la vue du nouveau venu dont les traits avaient une impression de déjà-vu. Oh ! Son regard… Son visage… Je craque ! Aucun doute sur son identité, c'était un beau jeune homme.

Il me posa délicatement sur une petite table cirée, elle avait l'odeur du bois vieilli. J'aimais cette odeur, elle m'était familière. L'individu se pencha sur moi, m'ouvrit en deux. Allait-il me disséquer ? Il prit un vieux chandelier en argent, lui aussi je l'avais déjà vu. Il alluma une bougie pourpre, et aussitôt, la flamme s'éleva, elle semblait lui lécher son beau minois. Comme j'aurais aimé être à sa place.

J'étais sous le charme.

Je ne m'attendais pas à ce qu'il me saisisse page par page. Elles se collaient à son index humide, au fur et à mesure, ses yeux me parcouraient d'un va-et-vient continu à me déstabiliser. Que lisait-il en moi que j'ignorais ? J'appréhendais de voir sa figure se déformer, le voir pleurer, crier, comme l'expérience précédente avec l'autre. Non, des petits sourires en coin, il ne disait rien. Parfois, il lâchait quelques soupirs qui me soulevaient une feuille, mais aucun signe d'inquiétude. Zen. Pas de crispation.

Il alluma une cigarette, il m'envoya de petites bouffées. Je reconnaissais cette odeur. J'aimais quand maman me grattait le papier avec une plume. Lui aussi m'a gratté, il a ravivé en moi cette délicieuse sensation. J'adorais ça ! Le bruit, l'encre distillée sur moi, l'odeur de l'alcool, j'en buvais peu à peu, ne laissant que l'empreinte des maux qui rongeaient l'auteure depuis tant d'années.

Je suis devenu son punching-ball, elle se défoulait sur moi, et moi, je ne bronchais pas. Il y avait trop de similitudes entre elle et lui.

J'avais la terrible intuition de ne plus être le secret comme maman me le disait, elle qui à chacune de ses visites, me répétait sans arrêt que j'étais son unique, son bébé. Je devenais plutôt une révélation, je livrais les confidences d'un être qui pendant de longues années n'avait joué qu'un rôle, celui de maman, la leur, la mienne.

Lui, ne manifestait aucun signe de contra-riété ni de peine. En avait-il au moins ? Qui étais-je véritablement pour eux ? Au point de chercher à me déshabiller, m'exposer à leurs regards, me scruter, me dépouiller, véritable torture.

Maman leur avait donné la permission de me lire « une fois partie ». Elle aurait pu me prévenir. J'abhorrais cette situation et comprenais qu'on ne me laissait pas d'autre choix que de la subir.

Il tira la chaise pour la rapprocher du bureau, le parquet en bois se mit à gémir. Il me colla sur sa poitrine, il n'y avait plus de séparation entre nous. Une odeur boisée mêlée à celle du tabac me donnait un goût sauvage, de nature. Il me mettait dans un sacré embarras, très déstabilisant. Je ne savais plus qui j'étais à ses yeux. La fille n'avait pas tergiversé, pas de détours, une bonne colère et elle était passée à autre chose, m'abandonnant à ma solitude et à mes souffrances.

La cigarette à peine consumée, qu'il enchaîne sur une autre. Il est étonnant. Bizarre. Le voilà qui se passe la main dans les cheveux, ça veut dire quoi ? Le balancement incessant des yeux ; la cigarette, la bougie qui fond sous son visage angélique, le tiroir ouvert, le tapotement des doigts de sa main sur la table, quelques soupirs lâchés de ci de là, ça devient de plus en plus angoissant. Montrerait-il de l'impatience ? Il se racle la gorge maintenant. Je n'ai pas appris tous les langages du corps, je n'y suis pas habitué. J'étais assez limité dans mes actes : je m'ouvrais, on me remplissait et on me refermait, c'était pourtant simple. Tout à coup, je m'efforce de comprendre, de savoir ce qu'il se passe dans leur crâne, deviner ce qu'ils ressentent, s'ils ne l'écrivent pas sur moi, je ne le saurai jamais. Le savent-ils ?

Elle et lui me font regretter l'époque où je m'ennuyais. Finalement, l'ennui ne tue pas.

J'étais bien. Personne ne savait ce que je cachais, personne pour me violenter, personne pour me dévisager des heures durant sans savoir pourquoi je les mettais dans des états pareils, et lui, silencieux, sans froncer les sourcils, montre juste des signes d'agacement. Pour le coup, je suis paumé.

Sa cigarette rougie par de longues taffes, dégage une odeur, à présent je ne peux plus la supporter. D'un geste agacé, il l'écrase sur moi ! Hé ! Il m'a fait un trou ! Un énorme trou au centre de mon histoire ! Et ça le fait rigoler !

C'est bien pire que ce que je redoutais. Qu'est-ce que je lui ai fait ?

Brusquement, il pousse la chaise, fait grincer le parquet et se lève droit comme un i. Ça ne sent pas bon du tout. Il m'arrache les pages une par une en me fixant. Oh my God ! Mais que fait-il ? Pourquoi ne dit-il rien ?

Pourquoi ?

Des années que je moisissais dans un tiroir. Je n'existais plus pour eux, et je ne sais par quel hasard, ils m'ont retrouvé. Qui leur a dit où j'étais planqué ?

Depuis peu, voilà comment je suis devenu, éparpillé, maltraité. Il est complètement taré ! Il est pire qu'elle !

Qui va me venir en aide ? Mais où est donc passée ma maman ? Pourquoi ne se précipite-t-elle pas pour me secourir ? Les deux loustics, lui auraient-ils fait la même chose ? Ça expliquerait tout. Elle a sûrement dû finir comme moi, déchiquetée, dispersée, à l'étroit dans une boîte noire… Ensuite, ensuite… Juste ciel ! Que va-t-il se passer ?

Je suis bouleversé, ébranlé, agité, flûte ! il le voit.

Des feuilles tombées au sol avaient échappé à sa vigilance… Trop tard, il les a aperçues. Il les ramasse. Il me rassemble et me transforme en une énorme boule. Oh non ! Pas ça ! Je ne suis pas contorsionniste. Je n'apprécie pas du tout cette position. Jusqu'où va-t-il aller ?

Ouf ! Il vient de me tourner le dos. Va-t-il partir et me ficher la paix ? Qu'est-ce qu'il attend pour dégager d'ici ? Je n'aime pas ça du tout. Il se frotte la tête. Ça veut dire quoi encore ? Il sort. Ah ! Enfin !

Enfin seul ! Bon sang ! Qu'il m'oublie ! Ces deux-là, je ne veux plus les revoir, je suis à bout de page. Et moi par tous les diables, qui tente de reprendre ma forme initiale.

Quelques feuillets se détachent d'eux-mêmes parce qu'il n'a pas resserré assez fort, tant mieux ! Malheureusement, à présent, ils sont irrécupérables. Je préfère ne pas voir les dégâts, car je risque fort de ne plus m'en remettre.

Et lui, que va-t-il faire de moi ? Me laisser comme ça, avec la bougie à côté de moi qui en me narguant, se tortille dans une danse frénétique. Inadmissible ! Aucun sentiment, aucune compassion. Je suis devenu les résidus d'un souvenir, un remplissage d'émotions, j'appartenais à une autre personne, mais eux, je ne leur appartiens pas. Ils n'ont même pas vu que sur la première page, il y avait un mot qui leur était destiné. Ça sert à quoi d'écrire ses mémoires si personne ne les lit ? Va-t-il m'oublier ? Je ne veux pas être exhibé de la sorte à la merci de n'importe qui.

Des pas lourds font écho. Ils se rapprochent… C'est lui ? Il revient, c'est lui !

Il tient une chose étrange entre ses mains, assez grosse, noire, ronde… Un objet non identifié. Il ouvre la fenêtre, merci ! Le parfum fruité me donne vraiment la nausée. Il m'épargnerait ce supplice ? Alors, je me serais emballé pour rien ?

Quelle imagination ! Ça se voit que j'appartenais à une écrivaine. Des idées, elle n'en manquait pas. Dans sa tête, ça galopait, tout allait trop vite pour moi et pour elle aussi. Elle aurait dû suivre les recommandations d'un ami : « Pourquoi tu ne te sers pas de l'ordinateur ? », elle avait répondu : « Je suis une nostalgique inconditionnelle du papier, Je préfère l'authentique, les bonnes vieilles méthodes. Pour moi, l'ordi, c'est trop impersonnel et s'il y a un problème informatique, je risque de perdre tous mes fichiers. »

Elle avait raison, le papier c'est plus noble.

Il a regardé par la fenêtre pour s'assurer qu'il était seul. Oui, je crois deviner qu'il ne veut pas être repéré. Évidemment, avec le mauvais quart d'heure que je venais de passer. Si quelqu'un apprenait le mal qu'il m'avait fait, il se retrouverait certainement comme moi, dans un endroit étroit, entassé avec des inconnus, ficelé comme un saucisson, sans personne pour te rendre visite, toutes tes journées à attendre, tu ne sais pas qui, mais tu attends, car tu sais pertinemment que tu passeras le restant de tes jours à ne rien faire d'autre.

À mon avis, ça lui pend au nez.

S'il ne veut pas d'ennuis, il a intérêt à faire gaffe.

Sans que je puisse me défendre, il m'a mis dans la chose arrondie, il a saisi le chandelier. La bougie était toute recroquevillée, elle avait rapetissé, j'ai vu s'élever au-dessus de moi une épaisse fumée opaque, et lui, qui applaudissait. Ça puait le cramé dans toute la pièce. La bougie s'était écrasée complètement sur moi. Mais qu'est-ce qu'il a fait ? Je n'arrive plus à bouger. Je suis tétanisé.

Et sans crier gare, « ELLE », est apparue. Ça faisait des plombes que je moisissais dans ce tiroir. Elle refaisait surface. Elle allait sûrement me sortir de cette affaire.

Elle l'a entouré de ses bras, et sur son cou, elle a déposé un bisou comme un papillon sur une fleur, et il lui a dit : « Merci ! ».

Putain ! Mais merci de quoi ?

Il s'est emparé de la cuvette, où la bougie et moi étions en mauvaise posture, il nous a laissés sur le bord de la fenêtre. Ils ont quitté la pièce.

La porte a claqué.

Un vent léger soulevait des morceaux de feuillets brûlés qui partaient en fumée.

La bougie m'a laissé un large sourire.

Elle m'a appelée Marie,
je n'ai pas pu lui dire
que moi c'est Mona.

Rendez-vous au Louvre

Quel bonheur ! Reconfinés, le pied !

La paix, enfin.

Marre de voir des centaines de Samsung défiler, s'agglutiner autour de moi, me mitrailler toute la journée, me bombarder d'ondes juste pour mon sourire énigmatique, juste pour me figer tel un fossile.

Des visiteurs, j'en ai eus, venus des quatre coins du monde, j'en ai vus et de toutes les couleurs. Oh je n'espérais pas grand-chose, juste un peu de répit, le confinement était une bénédiction, plus personne, le silence, plus d'éclairage artificiel, plus de gardien planté devant toi à analyser le je-ne-sais-quoi. Je me disais qu'ils finiront bien par se lasser, et une fois le confinement terminé, ils m'auront vite oubliée, absorbés par les obligations journalières, ils vaqueront à d'autres occupations. Eh bien non ! Une fois la liberté reprise, les vannes ouvertes, ils se sont rués vers le musée, comme s'ils passaient à côté de l'affaire du siècle.

D'année en année, je me suis tapée le début et les fins de passages. Aucun respect, ils m'ont traitée comme une pestiférée, j'ai atteint le maximum du niveau de tolérance. Ballottée toute une vie sans jamais connaître comme mon maître, le repos.

Une nuit, en pleine guerre mondiale, on m'a volée au Louvre. Ensuite, je me suis retrouvée châtelaine, c'était bien, mais on ne m'a pas gardée, on m'a vite expédiée au Musée d'Ingres. Puis, un jour, un amant transi sorti de Calcutta m'a jeté de l'acide, jaloux de savoir qu'un autre pourrait m'avoir, il a bien failli me défigurer. Je n'ai pas eu le temps de me ressaisir, qu'après ça, un autre que personne n'a vu arriver, a déboulé, il avait les poches archipleines de cailloux, il avait bien préparé son coup, et je me suis fait caillasser.

J'ai souffert de l'épaule gauche pendant long-temps, suis passée au bistouri et on m'en a remis une sacrée couche.

 Ah ! Ils s'imaginent que je suis sourde, eh bien ils se trompent. Ce n'est pas parce que je ne peux rien dire que je n'entends rien, les murs ont des oreilles, c'est bien connu. Toute la journée, les commentaires fusaient dans toutes les langues, genre :
« Elle est moche ! », « Je la voyais plus grande ! », « Je ne sais pas ce qu'on lui trouve », « Je l'imaginais plus féminine. », « Mouais Bof !», « Il paraîtrait que c'est le sourire de Léonard ! »

Ô combien de débats inutiles autour de mon sourire emblématique.

Ici, les jours et les nuits sont d'une interminable mélancolie.

La burqa à la Madone ne me plaît pas. Je ne suis plus d'actualité. Sincèrement, aucune femme n'a envie de me ressembler. Jean Harlow, ou Monroe ont été copiées, et des Monroe, il y en a eu des milliers. Qui n'a pas sa Marilyn au-dessus du lavabo, collée sur le miroir de la salle de bain ?

En définitive, j'ai pris la place du maître, je l'ai phagocyté. Quand on parle de Vinci, c'est moi qu'on imprime, pas lui. Léo, je l'ai dans la peau. J'ai tout de lui : son visage, ses lèvres, il est partout sur la toile, il me colle tout le temps. Je ne suis pas plus utile qu'un poisson rouge dans un bocal, sauf qu'en général, ce sont les autres qui tournent autour de moi, et moi, je ne les suis que du regard.

Pourquoi ne suis-je pas une Marianne comme celle de Delacroix ? J'aurais défilé le sein à l'air avec ma tronche en revendiquant les droits de l'homme ! J'aurais eu le Vatican à mes trousses, et la tête de mon Léo mise à prix. Au moins, on aurait fait la une des journaux ! Pour le coup, je ne sers strictement à rien, je me sens *RIDICULE !*

Soudain, perdue dans un soliloque de ma misérable condition d'œuvre, je tâchais de trouver une motivation nouvelle, une étincelle, un élan de passion, à la recherche d'une nécessité de ma présence ici. Et là, j'ai vu arriver un petit bout de femme passer devant tout le monde. Sans crainte d'être refoulée, elle s'est postée devant moi, et m'a regardée. Cet instant sera à jamais gravé dans ma mémoire. Pour m'approcher, elle aurait bien vendu son âme au Diable. Avec son index, un œil fermé, elle désirait caresser ma bouche, j'ai cru un instant qu'elle se payait ma tête, car son visage était passé par toutes les expressions pour imiter mon sourire.

Probablement pressée ou par stress de ne pas parvenir à ses fins, elle s'est emballée, elle est allée droit au but. Elle a fait le topo de sa vie, pas très joli. Dans un langage non identifié, elle a hurlé qu'elle n'en avait rien à taper de ce qu'ils pouvaient penser, c'était qui « ils » ? En quelques minutes, elle a tout dégommé, son enfance dans une famille d'immigrés, la honte ; beaucoup de honte, le mot revenait comme un leitmotiv, honte de vivre avec une bande de tarés qui n'aimaient ni Hugo ni Baudelaire.

Elle m'a croqué le portrait d'une famille meurtrie dont elle était une fin de cycle. Tout était étalé, son histoire, son passé, ses souffrances, son désespoir. Tout d'abord, j'ai cru à un jeu, mais son visage déformé par le mal qui l'habitait m'a fait réaliser que le pire était à venir.

Toute frissonnante, les yeux embués de larmes, elle s'est assise en tailleur, son regard noir scrutait le mien. Elle a fissuré mon vernis par tant de pleurs. J'aurais voulu lécher ses larmes, je suis certaine qu'elles m'auraient rendue à la vie. Elle a déchiré le silence. Elle s'est vidée de tous les mots encombrant son être. Tout était là, par terre. Je serais bien descendue de mon clou pour la consoler, mais moi aussi j'étais emprisonnée. Elle m'a doucement, mais suffisamment pour que je l'entende, appelée maman, elle m'a appelée MAMAN ! Elle m'a dit qu'elle me pardonnait pour tout le mal et le bien que je ne lui avais pas fait. Elle aurait simplement voulu un « je t'aime ». Pour moi, elle aurait déchiré le ciel pour voler toutes les étoiles que Dieu se gardait pour lui. Elle m'a offert le plus grand et le plus beau des cadeaux, l'amour des mots. En les prononçant, elle a créé un lien dans l'univers pour nous rapprocher elle et moi, de la parole divine. Elle voulait être à l'image de ce que je représentais, une sainte. Elle aurait aimé être un homme pour tuer son père, préféré la prison à une vie de misère. À ses pieds, une mare de larmes noyait sa peine, elle suppliait à qui voulait bien l'entendre, d'échanger sa vie contre la mienne, même suspendue par un crochet comme un jambon (comme moi actuellement). Immortaliser cet instant dans l'univers aurait été une bénédiction, mais vivre pour elle, était sa crucifixion. Elle a répété pardon, peut-être mille fois, je ne les ai plus comptabilisés.

Elle a passé sa vie en quête d'amour, envers sa famille. Ils l'ont oubliée, rejetée, car à travers elle, ils ne retrouvaient pas leur identité. Personne n'était intervenu quand elle a dormi dans la rue, seule, dans le froid, personne pour lui dire : « Nous, on est là ! », pendant qu'eux à Noël, avaient la bouche pleine de pâté Olida.

Elle m'a appelée Marie, je n'ai pas pu lui dire que moi, c'est Mona. OK ! Marie ça me va. Je sentais qu'il ne fallait pas l'agacer.

Personne autour d'elle ne lui a demandé de fermer une bonne fois pour toute sa gueule, pas même le guide qui continuait ses explications en espagnol, tout le monde s'en contrefichait. Personne pour lui donner un mouchoir afin d'essuyer sa stalactite de morve suspendue sur son joli petit nez en trompette. Ils étaient tous pathétiques, j'en avais des haut-le-cœur. Ils étaient sans pitié à la regarder. Je me suis dit dans mon for intérieur : « Putain Dieu, ne l'envoie pas au ciel, elle va leur mettre une sacrée raclée ! »

Elle est allée plonger dans son âme pour aller pêcher un bordel nommé « enfance ». Dans son regard, nichait la folie. Moi, clouée, j'aurai bien pris mon cadre à mon cou. Non, pas de colère, pas de haine, juste pardon. Pardon de ne pas avoir été aimée, pardon d'exister.

C'est tout.

Puis, son délire terminé, elle a dit : « Merci de m'avoir écoutée. » Elle s'est relevée, des colombes plein les yeux se sont envolées vers les cieux, et d'un geste apache, elle m'a fait ses adieux. La foule s'est séparée en deux, on aurait dit Moïse à la traversée de la mer Rouge. Un silence de mort régnait dans le Louvre.

Sous une pluie d'applaudissements, comme un véritable battement d'ailes, elle s'est glissée vers la sortie. Avec grâce et légèreté, son corps a disparu. À travers sa fuite elle m'avait volé mon sourire, car un petit enfant choqué, pointait du doigt ma bouche.

Pendant des mois, j'espérais dans l'attente de la revoir, parfois me surprenant à apercevoir l'espérance illusoire de son ombre. J'aurais crié pour qu'elle revienne, j'aurais tant voulu lui dire : « Je t'aime ».

Grâce à elle j'avais compris le but de mon existence : celui de donner un sens à celle des autres.

Moi vouloir être toi

Je t'aime si fort que les colonnes de mon corps se sont brisées dès mon premier regard. Tu n'étais qu'un petit bout de « je t'aime » venu découvrir notre planète, traverser le temps, le crever comme un ballon, éclater les heures, te lier à mes côtés pour l'éternité. Te garder égoïstement et te maintenir de la sorte dans mes filets, était je l'admets, un caprice très personnel.

Toutes tes griffures et tes morsures réveillaient en moi les blessures d'un passé dont mon âme conserve aujourd'hui encore les stigmates. Devenue un joujou entre tes pattes, prisonnière d'un jeu dangereux dans lequel je savais pertinemment que je me perdrais dans une totale abstraction de mon identité.

Tu m'as contrainte de ne plus les inviter à mon domicile tout corps étranger, particulièrement mes amants, qui ne te supporteraient pas. « Petite brindille de joie », capable d'occuper tout mon espace, j'ai fait le pari de m'accaparer un fragment de ta vie. Je voulais tout savoir de toi, être toi, en toi, comme toi… Ressentir ce que tu éprouvais, être ta respiration, ton sang, ton cœur qui bat, savoir si toi aussi en retour de mon amour tu m'aimais aussi, et si cet amour bien singulier, serait absolu.

L'homme est tellement décevant, que devenir un animal ne pouvait être que plaisant.

Tout aurait pu commencer : « Par un beau matin, je me suis levée, puis… », un vrai conte pour enfant.

Partage de nos destinées, pacte approuvé uniquement par ma petite personne, où je ne t'ai pas laissé d'autre choix que de t'approprier. À tort, j'ai cru que cette expérience pourrait nous rapprocher et nous donner la possibilité d'échanger nos âmes, de nous mettre chacune dans la peau de l'autre. Dans cette folie, j'en ai oublié qui tu étais vraiment. L'être humain ne s'attribue-t-il pas le pouvoir de décider, parfois dans une perspective d'améliorer la condition de son prochain ? Mais tu étais bien plus que mon prochain, mon autre, ma moitié…

J'ai avec mes failles, cherché à connaître tes moindres pensées, fouiller tes parties les plus secrètes, déchiffrer ton code génétique, dormir dans tes entrailles chaudes et humides, tout cela dans un unique but, celui de nouer un amour inconditionnel que je te portais et vouloir rendre ta destinée meilleure. Mais toi, qu'en pensais-tu ? N'aurais-je pas abusé de ta confiance, perturbé ta conscience ? Est-ce que toi aussi tu as une conscience ?

Le bonheur chez le chat, c'est quoi ? Ça se résume à manger, jouer, capturer des insectes, croquer des lézards comme des *Haribo*, dormir, être cajolé ?

Mise devant le fait accompli, tu n'as pas pu exprimer ta désapprobation et pas eu d'autre alternative que de subir. Maintenant mon « petit cœur », prises au piège, on fait quoi ? En posant ta tête contre ma joue, j'ai cru comprendre que nous ferions tout, ensemble. Désormais, Il n'y aura plus de Mièle ou de Moi, mais nous.

Par un beau matin, je me suis étirée, et pour la première fois, c'était délicieux. Mon corps s'abandonnait, plus rien ne résistait. J'ai sauté sur le lit (le mien), et je t'ai vue habiter ma chair. Oh mon Dieu ! C'est moi ça ? J'avoue que je préfère être ce que je suis aujourd'hui avec ton poil soyeux immaculé, tes yeux bleus rieurs, grâce à toi, je m'aime. Et toi ?

Délicatement, j'ai attrapé ta chevelure entre mes griffes, j'adorais quand c'était toi, tu avais un parfait contrôle, jamais tu ne l'as tirée jusqu'à me faire hurler. Moi si. Tu as râlé, d'un revers de la main, tu m'as jetée du lit et tout à coup, je me suis sentie impuissante. J'avais faim. « Hé ! Plus de dix heures que tu ronfles la bouche ouverte, j'en peux plus ! ». Alors, comme toi, je suis allée gratter la litière en faisant un bruit infernal en expédiant quelques résidus sur le carrelage, à chercher tous les prétextes pour te sortir du lit, mais rien. Toi bien sûr, tu n'as pas bougé d'un iota. Jamais tu n'as eu à supporter un tel supplice, j'ai toujours été aux petits soins, à tous tes désirs, je ne comprends pas pourquoi tu ne réagis pas.

Affamée, démunie, désormais j'étais à ta merci, obligée de patienter, que tu veuilles t'arracher des draps pour me donner ma pâtée. Je ne me serais jamais doutée que ta principale occupation était de passer tes journées à m'attendre, même à ta place, je n'y parviendrais pas.

Enfin tu te décides ! Tu enfiles mes pantoufles que tu mordillais, tu te précipites à la cuisine de la même manière que je le faisais pour te donner ce que je supposais être ton repas préféré : poulet, persillade avec des endives crues. À la vitesse de l'éclair, je réalise pleinement la situation. À quatre pattes devant ta gamelle, je me hâte vers la délicate besogne de trier le persil et les endives qu'évidemment tu détestais, sauf que moi, je n'ai pas ta dextérité.

Ne serais-tu pas en train de te venger ?

Ensuite, j'ai couru jusqu'à la salle de bain, me faufiler entre tes jambes avec ta démarche chaloupée, et là aussi, je n'ai pas eu ta grâce ni ta délicatesse, j'ai terminé en roulade et tu as éclaté de rire. Suis vexée.

Tuvoulais toujours lécher mon *spécial body* soin à l'huile de coco bio, tu adorais ça. J'ai testé. Bof ! J'ai eu droit à une caresse et un bisou sur la truffe. Puis, tu t'es généreusement badigeonnée avec mon parfum : « Miss, c'est un Chanel ! Vas-y mollo ». Les effets n'ont pas tardé à se manifester, j'ai eu les yeux irrités. Les particules volatiles m'ont provoqué des démangeaisons jusqu'au fond de la gorge : deuxième vengeance. Premier calvaire terminé, aussitôt tu enchaînes sur le suivant. Pas de répit. C'est de bonne guerre. Je vis à présent avec tes souffrances quotidiennes.

Chaque matin, après ma toilette, je brossais ton magnifique pelage angora, tu miaulais. Je m'en doutais, un vrai calvaire ! Je te faisais mal. Tes poils s'emmêlaient à former de grosses boulettes que j'avais toutes les peines à extraire.

Aujourd'hui, c'était mon tour. Tu jubilais. Je le voyais. Ton regard s'illuminait au passage de ce maudit peigne, je le haïssais à présent, et à chacun de mes miaulements, tu faisais durer, durer… Je savais que rien ne te ferait stopper. OK, c'est bon, message reçu.

Sympathique consolation de ta part, tu m'as grattouillé le ventre, j'ai apprécié, c'était le plus bel instant que nous venions de passer ensemble. Tu m'as fait culpabiliser. Je comprenais que je ne t'offrais que des périodes agréables très furtives.

Toute pimpante, pressée de découvrir l'univers des hommes, tu as d'un geste ferme empoigné les clés de ma voiture, tu t'es retournée et tu m'as lancé un regard qui en disait long. À peine le seuil de la porte franchi, tu te précipitais, tu t'agrippais à mon pantalon, tes yeux humides me suppliaient : « Emmène-moi ! ». Hélas, je ne pouvais pas tout le temps combler tes vides. Dans ta peau, avec tes instincts, je m'exécute, je plante mes griffes sur mon jeans qui te sied à ravir, et sans tarder, tu pousses un cri strident à me percer les tympans. Je crois que j'y suis allée un peu fort : ma petite vengeance. Avec le même geste, le même sourire, tu m'as parfaitement observée, tes ongles ont labouré mon dos, et hop ! La queue en point d'interrogation. J'ai aussi réagi, ça m'a fait tout chose. Sympa, merci. Tu m'en remets une deuxième ? Oui, tu acquiesces. Tu vas m'abandonner à mon triste sort. Je ne suis pas habituée à rester à contempler le vide, à guetter par la fenêtre ton retour pour me jeter sur toi et me donner mes croquettes.

Je t'ai voulue. Je t'ai vue de l'intérieur, me voici telle une détenue en prison, face à sa propre condamnation, bien pire qu'une expérimentation de vivisection. Et toi ? Comment le vis-tu ? Nous sommes devenues des moitiés. Eh oui ! Tu n'étais pas un bus, on n'entre pas dans ton corps facilement, avoir un ticket n'est pas suffisant, les places sont chères et celles qui sont vides ne se remplissent pas.

Pour tuer le temps, je me suis lovée sur ton coussin rose, une patte sous ma tête. Surprise, je me suis entendue ronronner, cela m'a apaisée. J'étais aux anges. Étrange impression de ne plus avoir la notion du temps. Lorsque tu es entrée, la nuit avait peint en noir la ville. La clé a tourné dans la serrure, j'étais déjà aux aguets derrière la porte. Je l'ai flairé, il était là ! J'ai perçu mon rire en cascade, le tien à présent. Nos yeux plongés dans le regard de l'une et l'autre, nous nous comprenions. Nous nous sommes frottées joue contre joue, puis je me suis frottée sur le pantalon de mon compagnon, il m'a repoussée, tu l'as vu. Il a rouspété en disant que je lui mettais des poils partout. J'ai su à ce moment précis qu'il détestait les chats. D'emblée, ton attitude a immédiatement changé, tu l'as refoulé en lui ordonnant que s'il ne supportait pas trois poils sur ses vêtements, il ferait mieux de rentrer chez lui. Tu n'avais pas l'intention de me laisser seule, et tu trouvas une belle occasion de régler tes comptes avec lui, son petit côté maniaque dépressif tu ne l'as pas à l'inverse de moi, toléré. Tu l'as reconduit vers l'ascenseur. Il n'a pas bronché.

Devenue félidée, je ressens absolument tout maintenant. Toi aussi, je suppose… Par cette expérience, malgré nos différences, j'ai vite compris que le langage n'est pas universel. Nous avions tout à apprendre de nous, nous ne communiquons jamais assez, j'ai manqué d'attention à ton égard, et je te demande pardon.

Finalement, changer de vie te satisfaisait, tu es épanouie. Dorénavant, je te respecterai bien plus que je n'ai su le faire, je tiendrai compte de tes besoins, de ton horloge biologique. Nous venions de valider un accord cette fois, c'est toi qui a imposé tes exigences, nous avons signé un contrat à durée indéterminée : j'accepte que tu vives en moi et toi de vivre en moi.

Puis, un matin, je me suis approchée de mon orchidée blanche. Sublime. Chaque jour, je prenais plaisir à la contempler. Je l'ai longuement observée. Je me disais que la vie animale est identique à celle des hommes, aussi cruelle, que nous partagions les mêmes craintes et les mêmes détresses. Alors, je me suis dit que devenir une fleur ne pouvait être que plaisant. N'était-ce pas fou que de renier le merveilleux privilège d'être simplement humain ?
Émotion étrange d'être à la fois en toi, en orchidée, et me voir dans le kaléidoscope de la vie.

Par cette belle matinée, je me suis tournée vers le soleil, les pétales grands ouverts sur un nouveau jour, à patienter que tu viennes me sentir et me contempler.

De la même auteure

1984 : Le Cri
Editions Saint-Germain-des-Prés

2012 : To be or not to be
Editions Persée

2014 : L'Absolu
Editions Abatos

2016 :Souris et tchat
Editions Abatos

2018 : Près des étoiles
Editions Auteurs des régions et des Terroirs

2020 : La Bûche
Editions Maïa